# CHANTS RELIGIEUX

## DU VICOMTE

## PHILOMÈNE ANTOINE DE BOULET

NAPLES

IMPRIMERIE DE ANDROSIO

—

1853

Y

# CHANTS RELIGIEUX

Boulet

# CHANTS RELIGIEUX

## DU VICOMTE

## PHILOMÈNE ANTOINE DE BOULET

MARQUIS DE SALINERI-PIETRASANTA
AUTEUR D'OEUVRES RELIGIEUSES EN PROSE
ET EN VERS
ET D'AUTRES OEUVRES LITTÉRAIRES
MEMBRE DE PLUSIEURS ACADÉMIES DE SCIENCES,
BELLES-LETTRES, ARTS ET SCIENCES
NATURELLES



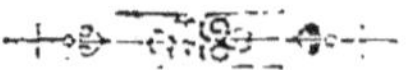

NAPLES

IMPRIMERIE DE ANDROSIO

—

1853

# AVANT-PROPOS

## DE L'AUTEUR.

En nous décidant à publier les chants qui nous ont été inspirés par cette cause suprême , qui préside à la destinée des mortels , nous avons eû pour bût :

1.° De rendre gloire à la TRÈS-SAINTE-TRINITÉ, objet constant de nos plus ferventes prières et de nos adorations.

2.° A JÉSUS-CHRIST-CRUCIFIÉ , modèle inimitable de toutes les vertus divines et humaines , et exemple admirable de douceur, d'humilité, de patience et de charité, dans les phases de sa vie, de sa passion et de sa mort sur la Croix.

3.° A la TRÈS-SAINTE-VIERGE-MARIE, mère de

DIEU et des hommes et *corrèdemptrice* du monde, dont la modestie et la rèsignation aux douleurs, aux contradictions et aux sarcasmes qu'elle éprouva, sur la terre, doivent servir d'exemple a tous les chrétiens, pour souffrir comme elle a souffert ; pour espèrer comme elle a espèré, afin de mériter, au dernier jour de notre vie, le bonheur inaltérable dout elle jouit dans le Ciel.

Nos Poésies, nous n'en doûtons nullement, seront accueillies et lues avec indulgence par les adorateurs du vrai DIEU, par ceux qui portent avec amour la Croix du Sauveur ; qui partagent, sur ce lieu d'exil, ses travaux et ses souffrances et les peines inexprimables dont fut abreuvé le coeur de sa trèsSainte-mère et la notre.

Pour ceux dont les idées et les maximes sont subversives à la FOI et à la religion, nous nous bornerons à plaindre leur cécité, et à prier pour eux, car ils sont dignes de notre compassion et de notre pitié.

En général, les enfans des hommes, ont toujours été iniques, pervers, ingrats et rébèlles à la volonté de DIEU, avant et aprés le déluge ! Et malgré les térribles fléaux dont la Divinité les a souvent frappés, sa miséricorde n'à pourtant jamais cessé de venir à leur secours, tant elle est grande et infinie.

Toutefois il nous est pénible de penser, qu'aujourd'hui même, notre Religion Très sainte, source de bonheur, d'espérance et de béatitude pour l'homme, soit l'objet des attaques de vils et faibles vermisseaux, qui osent se déclarer contr'elle, à l'imitation des anciens hérésiarques, pour se donner comme eux un air de nouveauté.

Nous leur demanderons ce qu'ils prétendent faire, et quel est le bût qu'ils se sont proposé ? car CELUI QUI EST TOUT, qu'as t-il, à faire de ces reptiles, qui veulent se donner comme réformateurs de sa doctrine, base inébranlable de sa puissance et de sa gloire.. ? Et toute la perversité de leurs oeuvres, ne retombera-t-elle pas sur leur ame ?

La Religion du CHRIST est INVIOLABLE et SA-CRÉE ! Elle est SAINTE et INVULNÉRABLE comme son FONDATEUR ! Elle ne craint, ni les attaques des méchans, ni ses lâches profanateurs.

Semblable à ce rocher, inaccéssible aux ondes de la mer en fureur, qui se brisent contre lui, sans pouvoir jamais l'entamer, elle se maintiendra militante et triomphante jusqu'à la consommation des siècles ! ! !

Le monde fourmille d'ennemis irréconciliables, qui sont toujours en opposition avec les hommes portés à faire le bien : ces ennemis sont, l'*impiété, l'égoïsme,* l'*injustice*, la *fraude*, la *calomnie*, la *délation*, le *libertinage* et toutes ces *passions hideuses*, qui avilissent et dégradent la dignité du genre humain. — En notre qualité d'adorateur du CHRIST et d'écrivain catholique, nous les combattrons avec la plume et l'épée, le sang et la vie, jusqu'à la mort.

# LETTRE

*Écrite au Vicomte de Boulet, par Son Eminence, le Cardinal Bernetti, Secrétaire d'Etat de Sa Sainteté N. S. Grégoire XVI, datée de Rome le 15 novembre 1834 et traduite de l'Italien.*

« TRÈS-ILLUSTRE SEIGNEUR !

« Je me suis fait un devoir d'humilier à Sa Sainteté , le volume de « Poésies Sacrées que vous avez publiées , et que Votre Seigneurie Il- « lustrissime , m'à fait parvenir dans cette intention. Le Saint Père « les a agrées avec grand plaisir , surtoùt en grâce de la Religion , « qui vous en à fourni le sujet et les argumens.

« Il m'est agréable d'attester à Votre Seigneurie Illustrissime, le « sentiment de ma particulière et sincère estime etc.

« Le très-affectionné.

# A LA TRÈS-SAINTE VIERGE-MARIE

*Mère de toutes les grâces et de la miséricorde*

Daigne me permettre , tout misérable pêcheur que je suis , de publier sous ta protection puissante , les faibles chants qui m'ont été inspirés dans l'émotion de mon coeur.

Je sens , ô ma douce mère , combien ils sont au dessous de leur sujet : Et je sens aussi dans mon ame violemment agitée ; qu'il convient mieux, par des sons inarticulés, et non par des paroles , de traiter une matière , dont le délicat et la profondeur , exigent des talens bien supérieurs aux miens, avouant, sans rougir, que je ne suis qu'un néophite, en comparaison de ces célèbres Poëtes, qui ont, avec tant de pathétique, de savoir et de grandeur, chanté les merveilles de l'auguste TRINITÉ et les tiennes.

Si tu daigneras honorer d'un sourire maternel, ce petit tribut de mes labeurs, ô Vierge Sainte , je me résignerai à toute critique sans me plaindre , et je remercierai de bon coeur celui qui voudra bien m'indiquer les fautes qu'il sera à même de remarquer dans mes rimes.

Je n'ai jamais ambitionné ni applaudissemens, ni richesses , ni grandeurs , n'ayant déjà que trop éprouvré que ce ne sont point là les vrais biens! ma conscience et mes souvenirs !... les opprobres et les tortures inouies de la passion de JÉSUS-CHRIST mon seul SEIGNEUR, mon RÉDEMPTEUR, mon FRÈRE, mon MAITRE, mon UNIQUE AMI et mon ROI; sa CROIX Sainte !.. Tes spasmes et tes douleurs de Mère, ô MARIE, voilà ce qui forme mes constantes méditations, sur lesquelles je tiens toujours fixe mes pensées , qui n'ont cessé et qui ne cesseront de faire les délices de mon coeur et la béatitude de mon ame.

Je prie DIEU nuit et jour , de me faire persévérer dans ces sentimens jusqu'au dernier souffle de mon existence, bien persuadé , ma Sainte Mère , que tu ne me refusera pas ton assistance lorsque ma dernière heure sera sonnée , et qu'il me sera concédé de te voir, t'aimer, te prier et t'adorer en ESPRIT et en VÉRITÉ dans le royaume des bienheureux.

Plein de cette consolante espérance , *contrit* et *humilié* , je me prosterne respectueusement a tes pieds, et, te priant de me donner ta sainte bénédiction, je *fus*, je *suis* et *serai*, avec tous les sentimens qu'inspirent , à tout chrétien , tes grandes vertus , tes privilèges uniques et la gloire céleste dont tu jouis dans l'Eternité.

Mon adorable Mère ,

*Le plus indigne de tes serviteurs et de tes enfans, mais le plus zélé de tes adorateurs et admirateurs*

PHILOMÈNE ANTOINE DE BOULET.

# LA GRANDEUR DE DIEU.

Sur un Trône éclatant de gloire et de puissance,
Règne, sur l'univers, l'auteur de la clémence !
Les choeurs des Séraphins adorent nuit et jour
Cet être ravissant, le DIEU du pur amour.
A ces esprits divins qui forment l'EMPIRÉE,
S'unissent les Elus dans leur ame enivrée ;
Tout en eux est parfait : ils goûteut ce bonheur
Qu'envain l'homme ici-bàs, cherche dans la douleur.
Les délices et la paix, sans trouble et sans nuage,
Sont de ces bienheureux le céleste partage ;
Et ce DIEU bienfaisant, le Roi des nations,
Les comble, sans cesser, de bénédictions.
Sa Justice punit l'impie et les coupables,
Le crime et les forfaits qui sont impardonables ;
Il commande à la foudre et condamne aux Enfers,
L'ame des réprouvés, des méchans, des pervers.
A sa voix tout s'ébranle et s'émeut sur la terre....
Tout tremble, tout pâlit, tout retombe en poussière..
Et ces Trônes fameux que de fiers conquérans,
Ont jadis élevé sur des débris sanglans.

A l'aspect du GRAND TOUT , de son suprême empire ,
Tout languit, tout décroît , tout s'éteint , tout expire!...
Lui seul règne en paix au sein de l'équité ,
Arbître de ses Loix , plein de sa majesté ;
Préparant aux mortels remplis de sa mémoire ,
Les palmes de bonheur de sa céleste gloire ;
Et ce calme parfait , cet éternel repos
A l'abris des horreurs de l'infernal cahos.

# LA PASSION

## DE NOTRE SEIGNEUR JÉSUS-CHRIST

DIEU Saint, DIEU des chrétiens, du Ciel et de mon ame,
RÉDEMPTEUR adoré , reçois mon oriflamme ;
Le mortel te doit l'être et l'immortalité
Les biens spirituels et son Eternité.
Pour lui tu descendis parmi nous sur la terre ,
Nous enseigner ta Loi, que le monde révère ;
Tes exemples divins, ton paternel amour
Tes Préceptes, la Foi , tes vertus tour-à-tour ;
Tu nous donnas, SEIGNEUR de ta grâce inéffable,
Mille traits généreux dans tou coeur adorable ;
Guérissant les douleurs , les chagrins et les maux
Par des prestiges saints , des miracles nouyeaux ;
Souffrant la soif, la faim , la nudité, l'injure
Les tentations de l'humaine nature...
Confondant par ta voix tes cruels détracteurs
Leurs impures maximes et leurs fausses erreurs ;
Qui furent remplacés par ta saine doctrine
Ses biens et ses effets , son essence divine ;

Nourissant de sept pains dans un désert brûlant,
Un peuple satisfait, ému, reconnaissant;
Commandant aux esprits dont la rage infernale
Au seul son de ta voix leur devint si fatale.
Mais l'heure du combat s'approche, ô bon JÉSUS !
Ce que tu fis pour l'homme exige encor de plus
Il te faut consommer le sanglant sacrifice
Qui doit au geure humain devenir si propice ;
Les Juifs furibonds te préparent la Croix
Leur triomphe est certain, et j'entends leurs abois ;
Pilate et Caiphas, hérode et sa cohorte,
L'un te proclame saint, les autres à voix forte ;
Demandent par leurs cris que ton sang soit versé
Que le Juste innocent soit enfin renversé ;
Et que le Golgota, de cette tragédie
Transmette à nos neveux la mémoire inouie ;
Et que de cet horrible, éxécrable attentat
En réponde à jamais ce peuple scélérat ;
Ce peuple débiteur au RÈDEMPTEUR du monde
De bienfaits signalés dans sa gloire féconde ;
Peuple méconnaissant, peuple ingrat et cruel
En horreur aux chrétiens, maudit de l'ETERNEL ;
Coupable devant DIEU, de ce méfait, du crime
De Lèse-Majesté, de majesté divine;
Crime enfin, qu'à jamais, sur lui., sur ses enfans
Sera du Ciel puni par d'éternels tourmens.
JESUS est condamné : cet arrêt sanguinaire
En tout à satisfait la volonté du Père :
Les Anges consternés versent à longs flots des pleurs...
Et l'Enfer écumant de rage en ses fureurs ;

Voudrait que le Très-haut-frappa de sa Justice
Les auteurs de l'arrêt qui condamne au supplice ;
Ce fils bien-aimé du GRAND PÈRE ETERNEL
Le SAUVEUR adoré de tout homme mortel.
JÉSUS est résigné : Le sarcasme et l'outrage...
Les épines et les coups... Les crachats au visage...
L'ivresse des méchans... leurs blasphêmes et leurs cris...
La haine des puissans, pour JÉSUS leur mépris !
Ont enfin arraché, ô forfait ! ô nature !
Du Préfet des Romains la sentence parjure ;
Et l'auteur des humains, l'arbitre de mon sort
Doit subir, sans pitié, l'horrible coup de mort.
A l'aspect de sa Croix, le sauveur en souffrance,
Se prosterne à genoux et la baise en silence
Priant pour ses bourreaux, sans plainte et sans dédain
Le coeur plein de son DIEU, toujours calme et serein.
Il s'achemine enfin, lentement au Calvaire...
Faible, défiguré, sans appui, sans repaire...
Maltraité toujours plus et parfois chancelant
Versant à gros bouillons son adorable sang.
La cohorte acharnée, ajoutant à ses peines
L'attache sans pitié de grosses et lourdes chaînes ;
Et les cris redoublés des hébreux en fureur
Font frémir l'univers de deuil et de douleur.
Le Golgota paraît, JÉSUS touche à son terme...
Trois clous percent ses pieds et ses mains à l'extrême...
« O mon PÈRE et mon DIEU ! ( dit JÉSUS en priant ),
« A ce peuple irrité pardonne mes tourmens :
« Aveuglé, sans raison, par une rage impie,
« Il veut sceller ma mort par son ignominie ;

« Ne sachant ce qu'il fait dans son coeur sitibond ,
« Ne voyant qu'un coupable en ton fils moribond. »
Il dit, en gémissant, et son esprit soupire...
Il rends l'ame a son père... il s'éteint... il expire!..
Et le Ciel irrité se couvrant de vapeurs ,
S'ébranle et s'obscurcit des plus sombres couleurs.
Tout est confusion , tout frémit sur la terre...
Les montagnes se Fendent et gronde le tonnerre...
Et le Temple tremblant, dans son voile nouveau
Se déchire soudain et se fait en lambeaux.
Les sépulchres s'entr'ouvrent au bruit de ce prodige...
Unique dans son genre, et les corps en prestige ,
De mille trépassés annoncent à haute voix
Le pouvoir de JÈSUS , du Saint , du Roi des Rois ;
Ses mérites , sa mort , sa gloire et sa puissanoe,
Sa résurrection , sa grandeur , sa clémence ,..
Par là, le grand mystère est enfin accompli ,
Le mandat de SAUVEUR , JESUS-CHRIST à rempli ;
Et l'homme rachetté par sa Croix glorieuse ,
Doit espérer en lui la vie bienheureuse;
Sa mort en est le prix, son sang et son amour
Promettent aux Elus le céleste séjour.

# LES GLOIRES

## DE LA TRÈS-SAINTE VIERGE MARIE

Un prodige éclatant , la TRINITÉ divine ;
Opéra dans ton sein étoile matutine ;
Exempte de péché , l'objet de son amour
Tu reçus du SEIGNEUR l'existence et le jour.
Toi , fille de son choix , toi , pure épouse et mère ,
Tu complis le plus saint et glorieux mystère ;
Engendrant dans ton sein , sans tache et virginal
Le VERBE-DIEU fait homme ; à l'Enfer si fatal.
Par un decret du Père , eût lieu du fils l'enfance ,
Ses opprobres , sa Croix , sa mort , sa délivrance...
Tes peines , tes tourmens , tes spasmes , tes douleurs
Ton triomphe parfait , le terme de tes pleurs.
Au milieu des esprits , douce et Sainte MARIE ,
Ton corps IMMACULÉ dans ton ame ravie ;
Prit son vol vers le Ciel , pour recevoir soudain
Le sceptre et la couronne et le laurier divin ,
Dans une vision , Trine et Béatifique
Du Père et son Esprit et de ton fils unique.
Reine de l'EMPIRÉE et du grand univers ,
Proclamée pour prix de tes humains revers ,

Tu règne maintenant adorable MARIE ;
Arbitre du destin , de l'homme et de sa vie.
Les célestes esprits s'inclinent devant toi ,
Respectent tes decrets et subissent ta Loi ;
Et tous font à l'envi ta volonté suprême
T'adorent, en vérité , pleins d'un amour extrême,
Contemplant ta beauté , tes attraits , ta splendeur
Et savourant ainsi le céleste bonheur.
L'Enfer , à ton aspect , écumant dans sa rage
Se dépite et rugit n'ayant pour tout partage ;
Que ténèbres sans fin , les horreurs et les maux
Sans cesse redoublés par des tourmens nouveaux.
Sous tes pieds , le serpent , courba sa tête altière ,
Tu lui fis , malgré lui , remordre la poussière...
Il ne put résister à ton divin pouvoir
Qu'en tout temps , en tous lieux , toi seule fait valoir.
Dans le monde chrétien ton nom est un prodige...
Le malheureux qui souffre et son coeur qui s'afflige !
Trouve toujours en toi la grâce et les bienfaits
Le calme et la douceur , le repos et la paix.
A l'infirme , au pêcheur , tu donne un sûr asile ,
L'un guérit , l'autre espère et redevient tranquille ;
Et la mort s'adoucit au doux son de ta voix
Et sans cesse , à ton gré , tu lui donne la Loi.
Reine des élémens tu dompte leur puissance ,
L'impétuosité , leur dure résistance ;
Et les flots de la mer , agités , écumans ,
Font taire , devant toi , leurs longs mugissemens.
Ah ! daigne , ô de mon DIEU , la fille , épouse et mère
Avoir pitié de moi , de ma douleur amère ;

Fais cesser mes chagrins et mes cruels ennuis
O Reine de mon cœur ! ô mon unique appui !
Qué ta main , sans cesser , daigne bénir mon ame
Que ton amour divin la remplisse et l'enflamme ;
Et lorsque le TRÈS-HAUT disposant de mes jours ,
Le terme aura marqué de leur terrestre cours ;
Qu'un éternel repos exempt de la souffrance ,
Comble tous mes désirs et ma sainte espérance ;
Et que l'ÉTERNITÉ se dévoile a mes yeux
Pleine de son éclat céleste et radieux.

# L'HOMME SUR LA TERRE

Lorsque du Grand MOTEUR la puissance infinie,
Créa le firmament et le vaste univers ;
L'homme, en surgissant, du néant à la vie
    Nacquit à ses revers.

—

Les chagrins dévorans, les maux sont le partage,
De ses jours si remplis d'ennuis et de douleur ;
Il Savoure, à longs traits, l'amer de ce breuvage
    Sans goûter le honheur.

—

En butte aux passions qui dominent sans cesse,
Son esprit obsèdé, son amour et ses sens ;
Il voit devant ses yeux une faulx vengeresse
    Prête à trancher ses ans.

—

Péllerin fatigué sur cette terre impure,
Il marche, en palpitant, sur de nombreux ecueils ;
Combattant le destin et sa faible nature
    Assis sur des cercueils,

Condamné pour souffrir dès sa plus tendre enfance,
Il vogue un océan toujours plus orageux ;
Sans que son coeur jamais renaîsse à l'espérance
    A des jours plus heureux.

—

Dans les luttes qu'il souffre en sa longue carrière,
Il convoite les biens et cherche à s'aggrandir ;
Mais il ne trouve hélas ! que vide et que misère
    Et pas un seul desir.

—

Le glas de la mort sonne sa dernière heure,
Il perds en un instant, ses jours, sa liberté ;
Pour revivre à jamais dans la sombre demeure
    A son ETERNITÉ.

—

Le Jugement de DIEU se présente à sa vue,
De ses ans écoulés le triste souvenir ;
Accable son esprit d'une torpeur aigüe
    Sans pouvoir plus agir.

—

Ce Jugement divin pèse dans sa balance,
Les vertus des mortels, les crimes et les erreurs ;
L'homme sage et pieux y lit sa délivrance
    Le méchant ses douleurs.

# DES BIENFAITS DE LA RELIGION.

Fille auguste du Ciel, tu règne sur la terre,
Pour faire des mortels, le bonheur, le soutien ;
Par les Dogmes Sacrés tout l'univers prospère
Et l'amour fraternel en forme le lien.
    L'adversité renaît à l'espérance,
    Le pauvre aussi jouit de tes bienfaits ;
La veuve et l'orphelin qu'afflige la souffrance
        Par toi sont en tout satisfaits;
    Sous ton manteau la charité divine,
        Abonde toujours dans les coeurs ;
Et chacun, à l'envi, puise dans ta doctrine
        Les plus inéffables douceurs.
        Le prisonnier chargé de chaines,
        Et privé de sa liberté ;
          Sent aggraver ses peines
        S'il n'à pour lui ta sainteté.
        L'affreux tyran pâlit, chancelle,
        A l'aspect de tes justes Loix ;
        La crainte en lui se renouvelle
        Au son de ta térrible voix.
        Le libertin met à ses vices,
        Un frein qu'il voudrait rejetter ;
Et tout, sans toi, n'est pour lui que supplices
Erreur, confusion, songe vain et légèr.

La chaste épouse et tendre mère ,
Par toi voit la fin de ses pleurs ,
Et dans le cours de sa carrière
Toi seule adoucis ses douleurs.
Et la Vierge innocente et pure ,
En butte aux traits de la séduction
Sous ton abri brise la chaîne impure
Etouffant dans son coeur la passion.
Religion auguste et sainte ,
Sous ton empire on goûte le bonheur ;
Et le timide voyageur
Traverse les mers et les bois sans crainte.
Les martyrs de l'Eglise objets de mille injures ,
Bravèrent , sans trembler , les plus cruels tourmens :
Rien put les ébranler au milieu des tortures
Les yeux vers l'ETERNEL , ils mouraient en priant.
Le vieillard chancelant que la douleur accable ,
Voit approcher sans remords , sans pâlir ,
La mort à tous épouvantable
En louant DIEU jusqu'au dernier soupir.
Le Juste aussi qui vécut sur la terre ,
Et dont l'esprit fut souvent obsèdé ,
Offre á son SEIGNEUR son oeuvre dernière
Qui dans le Ciel l'á précédé.
Sainte Religion ! recois mon humble hommage ,
Daigne bénir mes jours mortels ,
Fidèle à mes devoirs , fidèle à ton langage
Tu m'assure aprés mon péllérinage
Le repos et la paix et les biens éternels.

# L'IMMORTALITÉ DE L'AME

Lorsque l'AUTEUR du TOUT posa de la nature,
    Les frêles fondemens...
A chaque être mourant il donna la structure
Une forme , un instinct et divers mouvemens.
A la bruyante mer il imposa des bornes ,
    Aux montagnes la variété ;
    Aux fleuves un cours accéléré sans bornes....
    Aux plantes la fécondité.
Oui , tous les animaux, de cet être adorable
Fruissent dans les près les dons de son amour ;
    Et dans leur instinct admirable
    Ils le bénissent nuit et jour.
    Le Rossignol aussi dans son langage ,
    Fait entendre auplus haut des cieux ;
    Sa voix et son brillant ramage
    Par des accens mélodieux.
Tout coeur reconnaissant , bénit , révère , adore ;
Un être merveilleux immortel Créateur ;
Qui régit l'univers , à son gré fait éclore
Les Empires fameux et l'homme en sa fureur.

Tous les êtres créés , par Loi déterminée ;
En cessant d'exister retournent au néant ;
    L'homme seul jouira dans l'EMPIRÉE
        D'un repos permanent.
Et le subtil esprit qui le meut , vivifie ,
Qui donne l'équilibre à ses fibres , à ses sens ;
Est un germe divin qui prends de DIEU la vie
Ses inspirations , ses attraits ravissans.
Cet esprit , du TRÈS-HAUT , est la vivante image,
    Ses facultés seraient mortes sans lui ;
    L'immortalité fera son partage
        Sa gloire et son appui.
Et lorsque cet esprit de son corps se détache ,
    Il prends son vol vers son auteur ;
    S'unit à lui pur et sans tache.
    Pour y jouir du vrai bonheur.
C'est ainsi qu'en son Tout , le bût de la nature ,
    S'accomplit par ordre de l'EETERNEL ;
Pour l'ame qui reprends sa céleste structure
    Dans le sein des Elus du Ciel.
Mais pour vous , forçenés , race impie et coupable,
    Qui ne voyez que le cahos ;
    Pour vous dont tout est périssable
    Dans le néant de vos propos :
    Tremblez !... votre ame est immortelle ,
L'arrêt est prononcé sur votre dernier sort ,
Les ténèbres seront votre peine éternelle
    Pour jamais aprés votre mort.

# LE JUGEMENT DERNIER

Ce jour térrible et mémorable ,
Signé du Doigt de DIEU de toute Eternité ;
Jour solemnel , épouvantable
Empreint de sa suprême majesté !
Viendra pour tous à la fin du monde ,
Dans sa puissance féconde ;
Réjouir les Elus , rattrister les pêcheurs ,
Concéder aux uns la béatitude ,
Dans sa céleste plénitude
Condamner les réprouvés aux douleurs.
Le soleil et la Lune entourés de ténébres...
Annonceront à l'univers !
L'étérnel salut des bons , l'arrêt des pervers.
De ses abîmes mugissantes ,
La terre fera tout à coup surgir ;
Des trépassés les dépouilles gisantes
Pour revivre aux Cieux ou mourir.
Et l'Enfer s'agitant ,
Sur ses débiles fondemens...
Ne pourra plus jouir du jour ni de la vie :

Les condamnés tous en furie...
Seront dans les flammes à jamais ensévélis ,
Pour chatiment de leurs délits:
Alors la trompette fatale ,
Par une sentence finale ;
Proclamera les vertueux mortels
Par ce suprême arrêt devenus immortels.
Et le Grand Juge assis sur des nuages ,
Au milieu det Anges et des Séraphins ;
Entouré de chants et d'hommages
Prononcera sur le sort des humains.
Et d'un ton de voix délectable
Parlant au choeur des bienheureux :
Par un accent paternel , adorable
Leur dira rempli de ses divins feux :
« Venez les bénis de mon PÈRE ,
Venez recevoir la rançon ;
« De toutes les vertus dont toujours sur la terre
« Vous donnates l'exemple et la leçon ;
« Venez jouir dans l'EMPIRÉE ,
« Des biens durables et de la Sainteté ;
« De la couronne par vous méritée ,
« Pour toute mon Eternité. »
Puis s'adressant aux ames des parjures :
« O vous de qui je reçus tant d'iujures ,
« ( Leur dit-il ), Soyez à jamais maudits...
« Infracteurs forçenés de mes divins Edits,
« Ennemis de ma Loi , de mon Eglise sainte,
« Vous dont l'ame toujours fut hipocrite et feinte,
« Honte du nom chretien , sans Foi , sans charité

Egoistes endurcis, enfans d'iniquité ;
« Avares inaccéssibles à toute bienfaisance
« Rébèlles à mon amour et sans reconnaissance ;
« Libertins éffrontés, criminels sans remords,
« Croupis dans vos erreurs, sans avouer vos torts ;
« Usurpateurs d'autrui, le blasphême à la bouche,
« Mercenaires obstinés dans votre coeur farouche ;
» Assassins de vos frères et leurs fiers détracteurs
« De la timide Vierge infâmes séducteurs ;
« Coupables des pêchés honnis par la nature,
« Artisans d'impiété, vous dont la voix impure;
« Mit en dérision les Dogmes de la Foi,
« Méprisant ma doctrine et transgréssant ma Loi ;
« Décriant mes Préceptes et mes divins oracles,
« Méconnaissant toujours mes prodiges et miracles ;
« Allez, maudits enfans, adeptes de l'Enfer,
« Rejoindre pour jamais l'odieux Lucifer.
« Les ténèbres . la mort, l'obscurité, l'envie,
« La désolation, l'affreuse jalousie...
« Les horreurs du cahos, ses peines, ses tourmens...
« Sont pour l'Eternité vos constans châtimens.
« Ainsi s'est accompli le cours de ma Justice
« Qui doit faire à jamais votre éternel supplice. »
Il dit, et tout d'un trait, les nombreux réprouvés
Sont des foudres du Ciel à l'instant tous frappés :
Leurs hurlemens, leurs cris, partout se font entendre,
Un desespoir sans fin vient soudain les surprendre ;
Et les démons hurlans, s'empârant de leurs corps
Jouissent de plaisir de leurs cuisans remords.
La terre, à l'imprévu, présente un gouffre horrible,

Les esprits infernaux d'une main invisible ,
Y sont précipités pèle mêle confus...
A l'aspect du Grand Juge et de tous ses Elus.
Le Ciel s'ouvrant alors aux chants de l'allégresse ,
Communique à chacun le bonheur et l'ivresse ;
Et tous les bienheureux , aux pieds de l'ETERNEL
Adorent ses decrets , son amour paternel ;
Bénissant dans leur coeur , sa céleste puissance
Qui fit briller pour eux ce jour de délivrance.

# LA TRAHISON DE JUDAS.

Triste enfant d'Achéron ; forçené sanguinaire ,
Infidèle chretien , délateur odieux !...
Disciple réprouvé , dont le coeur mercenaire
    Trâhit lâchement l'homme et DIEU.
    Tu le vendis ce bon et sage maitre
    Qui t'aimait d'un amour constant ;
    Sans rougir éxécrable traitre
        D'un forfait si sanglant.
    Tu vas recevoir sans contrainte ,
    De ton crime l'ignoble prix ;
Rénégat détesté dont l'ame atroce et feinte
Méditat sans pâlir la mort de JÉSUS-CHRIST.
Mais l'Enfer écumant aussitôt se déchaîne ,
    Au bruit de longs rugissemens....
Les Démons furieux t'ont préparé la chaîne
    Qui doit éterniser tes châtimens.
Le Ciel en son courroux demande a DIEU vengeance ,
    Et les Anges de douleur consternés ;
        Demeurent en un profond silence
        Devant l'Eternel prosternés.

La nature en suspends , violemment ébranlée ,
        Se couvre en un instant d'un voile épais...
Une invisible main trace dans l'EMPIRÉE
En lettres de sang , Judas , ton affreux méfait.
Tu fuis tout confus et l'odieuse sinagogue ,
        Reprends de nouveau ses deniers ;
            Et dans plus d'un prologue
De ton SEIGNEUR le proclame le meurtrier.
        Le remords envain te déchire ,
Aux yeux d'un DIEU vengeur de ton crime inoui !
        Sans espoir de pardon ton corps expire...
Sur un arbre pendu maudissant ton délire
        Et tes entrailles la terre enfouis.
Le Ciel ainsi vengé , ton arrêt il prononce :
« A ton Apostolat ; ( dit-il ) en tout renonce ,
« Ton divin maître et Roi , Déicide Judas ,
« Quoique disciple Elu , avant d'être apostat.
« De la Religion , déjà prince et vicaire ,
« Dans le règne des saints tu devais figurer ;
        « Un seul instant a vû changer
« Ta gloire et ta grandeur en un destin contraire.
« Te voilà condamné , homme hideux et pervers
« Comme auteur d'un délit , inique , abominable...
« Sur terre et dans le Ciel , aborré , détestable
« Et pour l'Eternité plongé dans les Enfers.

# PENSÈES SUR LA VIE FUTURE

Ame d'un DIEU que j'aime,
Prends vers lui ton essor...
Adore en lui le bien suprême
L'unique arbitre de ton sort :
Va contempler sa gloire ;
Au sein des bienheureux ;
Jouis par lui de la victoire
De son amour et de ses divins feux.
Dans tes extases permanentes,
Tout pour toi sera glorieux ;
Et les fleurs odoriférentes
Qui surabondent dans les Cieux,
Feront à jamais tes délices...
Au milieu d'arbres converts de leurs fruits
Dont tu cueilliras les prémices
Qui du temps ne pourront être détruits.
C'est là que règne à jamais la lumière,
Resplendissante de beauté...
Sans qu'une main altière
Puisse en éclipser la clarté.

Les chants , les ris et l'allégresse ,
Au son des plus doux instrumens ;
Proclament de DIEU la sagesse
Les loix , les attributs et les commandemens.
Assis sur un Trône immuable ,
Etincélant d'azur et d'or...
Ce DIEU dans son être adorable
Verse sur ses enfans , ses biens et ses trésors.
Tout en eux est béatitude ,
Tout est extases et visions ;
Bonheur inaltérable et plénitude...
Saintes et constantes éffusions.
C'est là que le SAUVEUR du monde ,
Tenant dans sa droite la Croix ,
De son suave amour qui toujours surabonde
Rends heureux tous les saints , les martyrs de la Foi.
Par lui se renouvelle à jamais le mystère ,
Du salut des humains , de leur rédemption ;
Et chaque Elu profondément révère
Le suprême SEIGNEUR , le Roi des nations.
Ainsi pour eux l'Eternité n'à que des charmes ,
Tout est plaisirs sans cesse répétés...
Loin du tumulte et des alarmes
Des douleurs et des anxiétés.
Alors , chaque mortel , qui véjette sur terre ,
Doit s'y considérer fugitif voyageur ;
Redoubler ses efforts pour atteindre la sphère
Qui l'assure à jamais du céleste bonheur.

# A SAINTE PHILOMÈNE

*Vierge et Martyr.*

## SONNET.

PHILOMÈNE! nom chèr à mon ame, à mon coeur,
 Epouse de mon CHRIST, Vierge à jamais glorieuse;
 De tes cruels martirs tu sortis victorieuse
 Et maintenant au Ciel, tu règne en ta splendeur,

Semblable à ce beau Lys dont l'aimable candeur,
 Autour de lui répands une odeur merveilleuse...
 Tu t'élève sublime, en tout temps prodigieuse
 Dévoilant aux chrétiens, ton pouvoir, ta grandeur.

Le monde édifié proclame tes oracles...
 Et celui qu'avec foi scait toujours t'invoquer
 Participe de DIEU les grâces et les miracles.

Du Trône ou tu t'assied, PHILOMÈNE chèrie,
 Jette un regard sur moi, daigne me protéger
 Afin qu'en bonne paix je finisse ma vie.

# ODE A LA CROIX.

Arbre Saint et sacré d'un DIEU suprême et grand ,
Monument éternel , de gloire et de puissance ;
De Foi , de charité , d'amour et d'espérance
    Et terreur du méchant.

———

A tes pieds prosterné , le mortel en son coeur ,
Jouit des sentimens que ta splendeur inspire ;
Des sublimes vertus vers qui le sage aspire
    Du céleste bonheur.

———

Le monde édifié vénère ton pouvoir ,
Les peuples et les Rois , dans le Ciel et sur terre....
Tout fléchit le genoux , croit , adore et révère
    Ton absolu vouloir.

———

L'impie et l'apostat , devant toi consternés ,
Accablés de remords de leur coupable audace ;
S'inclinent en gémissant tournant vers toi la face
    Convertis , agités,

L'Armirateur du vrai, le juste et l'innocent
Adorent avec transport en leur ame équitable ;
Tout ce qu'en toi reluit de divin, d'adorable
    De saint et d'éclatant.

—

Sur le champ des combats, l'intrépide guerrier,
Sous ton noble étendard compte sur la victoire ;
Tu l'aide à recueillir les palmes de la gloire
    Et l'immortel laurier.

—

Au plus fort du danger, quand la mer eu fureur,
Bouleverse ses eaux, houleuses, écumantes,..
L'audacieux marin, les vagues mugissantes
    Brave par sa valeur.

—

Croix sainte de mon CHRIST, le ténèbreux Enfer ;
S'ébranle à ton aspect au milieu du delire ;
Il écume et frémit, il rugit, se dechire
    Imitant Lucifer.

—

Centre du pur amour, appui du malheureux,
Tu fais luire à ses yeux la divine espérance
Par ton tronc adoré cesse en lui la souffrauce
    Par toi, tout est heureux.

—

Le sang du Golgota sur la Croix coule encor,
La terré des martyrs en est toujours baignée ;
Il est pour le chrétien la céleste rosée
    Du vrai salut le port;

Croix que jaime et j'adore , ah ! recois mes souhaits ;
Mon hommage et mes voeux , ma foi , mon alliance ;
Mon respect infini , mon zèle et ma constance
    Pour prix de tes bienfaits.

—

Dans le vaste avenir qui s'ouvre devant moi ,
Je saurai surmonter les attaqnes et l'envie ;
Le charme de ton culte embèllira ma vie
    Fera ma douce Loi.

—

Lorsque mon corps sera pour cesser d'exister ,
Mes yeux fixés sur toi pleins d' une sainte ivresse ,
Croix de mon RÉDEMPTEUR tu fera ma tendresse
    Au moment d'expirer.

—

Mon ame ainsi prendra vers son DIEU ses élans ,
Elle ira contempler sa grandeur et sa gloire ;
Ses mérites et sa croix m'assurent la victoire
    Aprés tant de tourmens.

# A MA FEMME QUI N'EST PLUS

*La Vicomtesse Marie Anne de Boulet, princesse de Taramesnil-Solyma-Cosoleto, de l'ordre de Malte, Patricienne de Messine.*

## ODE

## DU VICOMTE PHILOMÈNE ANTOINE DE BOULET.

—

Doux sommeil, ç'en est fait, tu fuis de ma paupière...
Le repos n'est point fait pour l'homme malheureux ;
Le souvenir parfois de mes jours plus heureux
    Revit dans la prière.

—

Cinq lustres écoulés embèllirent mon sort,
Dans le sein vertueux d'une épouse chèrie ;
Un instant détruit tout, mettant fin à sa vie...
    Cruel arrêt de mort !

Je la vis, par dégré, semblable à la rosée,
Brillante de beauté, de charmes et de candeur ;
Souffrir avec amour de ses maux la rigueur
    Dans son ame éplorée.

—

Vers son DIEU s'élevaient son coeur et ses soupirs,
Ses voeux les plus ardens, ses souhaits, sa tendresse ;
Sa pensée éxitait sa plus vive allégresse
    Comblait tous ses desirs.

—

Ses jours furent sereins, calmes et pleins d'innocence,
D'un amour pur et saint elle aimait son époux ;
Par lui, le vrai bonheur, lui paraissait plus doux
    Même dans la souffrance.

—

Le pauvre, en la pleurant, vénère le cercueil,
De celle qui pour lui fut toujours secourable ;
La mort en la frappant d'un coup irréparable
    Eternisa mon deuil.

—

Je survis à mes maux et tu n'existe plus !
Toujours triste et rêveur au milieu des alarmes...
Versant la nuit, le jour, d'intarissables larmes
    Oh ! regrets superflus !

—

Dis-moi si je t'aimais ? combien tu me fus chère ?
Que n'ai-je fait, mon DIEU, pour conserver tes jours ?
L'inéxorable Parque en a tranché le cours
    De sa faulx meurtrière.

Tes vertus, pour toujours, ont reçu dans le Ciel,
La palme et le laurier de l'immortelle gloire ;
Tu vivras dans mon cœur rempli de ta mémoire
    Du séjour éternel.

—

Lorsque le firmament se montre sans nuage,
Je te vois triomphante au sein des bienheureux ;
Briller de mille appas, paraissant à mes yeux
    Sous la plus douce image.

—

Le céleste repos tu goûte désormais,
Et ton ame au milieu de saintes jouissances ;
Savoure des vrais biens les divines substances
    Pour ne finir jamais.

—

Souviens toi de celui dont l'amour le plus tendre,
Scut toujours alléger le poids de tes douleurs ;
Invoque le Très-haut sur ses trop longs malheurs
    Ah ! puisse tu m'entendre !

—

Et lorsqu'au dernier jour je subirai la Loi,
Lorsque mon corps caduc redeviendra poussière ;
Grand DIEU ! qu'un seul sépulcre et qu'une même pierre
    Me réunisse a toi.

# PRIÈRE A JÉSUS-CHRIST-CRUCIFIÉ

*Dans mes tribulations:*

DIEU Eternel , Incompréhensible , Juste , Suprême , Savant , Miséricordieux , Immortel , Infaillible , Très-Saint , Tout-Puissant , Infini !... humblement prosterné à tes pieds sacrés , j'ose élever ma faible voix vers ta grandeur souveraine.

Entouré d'innombrables et très-purs esprits , qui t'adorent te prient , te contemplent et jouissent de ton amour Immaculé , de tes délices inéffables , et qui participent intuitivement de ta Vision Béatifique et de ta gloire , ils sont au comble du plus parfait bonheur.

Du haut de ce Trône resplendissant d'éternelle Majesté, qui n'à pas eû de commencement et qui n'aura jamais de fin , comme le seul et vrai DIEU , l'unique et seul seigneur , du Ciel et des mondes , le Roi par excellence, par bonté , par amour, par Justice , par miséricorde , par douceur , par charité , par essence de perfection , par humilité , ah daigne fixer un regard de commisération paternelle sur moi, faible et chancelant mortel, inutile vermisseau et pêcheur, et prends pitié de moi.

Mon coeur, ô mon Père et mon DIEU , est abreuvé des

plus cuisantes douleurs ! Les chagrins dévorans obsèdent constamment mon esprit et mon ame ! Mes jours s'écoulent au milieu de la tristesse et des ennuis. — Mes forces sont abattues, mes facultés anéanties ! Le deuil, les soupirs et les larmes sont mon partage.

Mes péchés, Seigneur, je l'avoue, sont la cause des revers qui m'ont accablé, parmi les quels, le plus grand est celui qui a précipité dans la tombe, l'épouse chèrie, la tendre compagne, la douce amie de ma frêle existence. Je t'ai souvent offensé, mon DIEU, par mon inconduite, mes impuretés et mes scandales, qui ont irrité ta Justice et suspendu le cours de tes miséricordes ! De là la source de toutes les peines qui m'ont affligé.

Mais, ô mon bon JÉSUS! n'est-tu pas le DIEU d'amour, de la clémence et du pardon ? Voudras-tu toujours aggraver ton térrible bras sur une créature faible, infirme et fragile, qui n'espère qu'en toi? Mon répentir, mes remords et mes larmes, ne parviendront-ils pas à t'appaiser, à t'attendrir sur mon sort ? Comment supporter, sans succomber, les coups redoublés de l'adversité ? Comment résister à tant de contrariétés, à tant d'angoisses, à tant de douleurs ?

N'est-tu pas ce même, homme-DIEU, qui dans le Getsemani, priant avec ferveur ton PÈRE ETERNEL, éffrayé par la passion inouie que tu devais souffrir le jour suivant, et baignant la terre de ton adorable sang, tu dis : « *O mon* « *PÈRE ! S'il est possible, éloigne de moi ce calice: Du* « *reste, que ta volonté se fasse et non la mienne* ». Et dans ce trise moment, ton humanité, quoiqu'unie à ta DIVINITÉ, et sachant d'où tu étais venu, et que, aprés avoir passé par le creuset de ta passion, tu devais retourner à ta

gloire, tu eûs néammoins besoin d'être consolé par un An-
ge et tu ne put t'empêcher de dire : « *Mon ame est triste*
« *jusqu'à la mort.* »

Et n'est-tu pas cette même SCIENCE-INCRÉÉE , qui ,
voyant tes disciples PIERRE , JACQUES et JEAN endormis
par la tristesse , les exhortant à veiller et à prier , pour
ne pas tomber en tentation, tu leur fis entendre cette grande
et éternelle vérité : « *L'Esprit est prompt et la chaire est*
« *faible et infirme.* »

Et ne pardonnas-tu pas à PIERRE , de t'avoir renié trois
fois et à THOMAS , d'avoir doûté de ton apparütion dans
le Cénacle , aprés ta mort et ta résurrection ?

Oui , mon adorable RÉDEMTEUR , tu le scait , parceque
toutes les choses te sont connues et rien ne peut t'être caché,
j'ai pêché contre le Ciel et contre toi ; mais la promptitu-
de de mon esprit et la fragilité de ma chaire , ont seuls
causé mes égaremens ! Mon coeur , toutefois, n'à cessé d'être
rempli de toi et jamais il a eû l'intention de t'offenser.

Et quand du Tronc Sacré de ta CROIX , au milieu des
plus atroces douleurs, versant ton très-précieux sang jusqu'à
la dernière goûte , compassionant la cécité et l'acharnement
de tes bourreaux, tu exclamais : « *Mon Père, pardonne leur*
« *parcequ'ils ne scavent ce qu'ils font.* » De même, mon
adorable CHRIST , pardonne-moi aussi mes fautes , parce
qu'en pêchant je ne scavais ce que je fesais.

Créé à ton image divine , rachetté par ta passion , par
ta mort et ta résurrection , oui , je l'espère, tu ne tarderas
pas , dans l'intérêt de ta miséricorde , de redonner la paix
à mon ame contristée et la santé à mon corps.

Daigne encore , ô mon DIEU , m'accorder la grâce inéf-

fable , de pouvoir te prier sans trouble , te louer , te bénir , t'adorer durant mon péllérinage sur la terre , et j'en-
tonnerai tes louanges, parceque celui qui a espéré en toi ne
sera jamais confondu.

Fais règner , SEIGNEUR , l'amour , l'union , la paix
parmi les hommes , mes frères bien-aimés , et que le sang
humain , cruellement répandu par le fléau de la guerre ,
n'arrose plus les sillons du tranquille laboureur.

Inspire aux chefs des nations , des sentimens de donceur
et de paternité vers les enfans de ta rédemption , et aux
peuples respect et obéissance vers ceux qui les gouvernent
dans les voies de la RELIGION , de la JUSTICE et de l'É-
QUITÉ , et que tes commandemens adorables et tes Loix
très-saintes , soient toujours observées et respectées par des-
sus toutes choses.

Accorde à notre vénérable Pontife, PIE IX, ton suprème
Vicaire sur terre , les lumiéres de ton esprit divin pour le
Gouvernement du troupeau confié a sa garde, et que le monde chrétien régénéré , ne forme plus qu'une seule famille et
n'ait qu'un seul sentiment et un seul desir , celui de t'aimer
avec amour , de te servir avec fidèlité , de t'adorer avec
constance , de te prier avec zèle et une confiance illimitée;
afin de mériter ta gloire éternelle. — *Ainsi soit-il.*

*5 Credo—5 Ave—5 Gloria aux plaies du SAUVEUR.*

# TABLE

## DES MATIÈRES.

—



FIN.